VECTOR

Cover Art by
Irene Jiménez Casasnovas

Chapter Art by Reilly Robson

Written by
Carrie Toth

Edited by
Carol Gaab and Kristy Placido

ISBN: 978-1-940408-99-6

Fluency Matters, P.O. Box 11624, Chandler, AZ 85248

800-877-4738

info@FluencyMatters.com • FluencyMatters.com

Acknowledgments

In 2006 when I took a group of students to Panama, I was fortunate to be placed with a tour director who truly took an interest in showing the students his country. Cristian Moreno has continued to support my classroom and my students by interacting with them for more than 10 years, serving as an authentic resource every single time I ask! Thank you SO MUCH, Cris! This book wouldn't exist without your influence in our classroom!

Thank you so much Reilly for your hard work on the illustrations and your willingness to share your talent.

Thank you so much to Jim, Aly, and Nick for your patience as "the voices" take me out of commission for days at a time to write a novel and the accompanying resources! I love you guys!

Nelly, Cindy, Haydee, and Celia, thank you so much for your patience during the editing process! Carol and Pat, thank you for believing in me and in my stories! Kristy, thank you for being my work wife! You and Carol are like the sisters I never had!

About the Author

Carrie Toth has been teaching high school Spanish since 1994 in rural, southern Illinois. She is a National Board Certified Teacher in World Languages other than English and has a Master's degree in Spanish Education.

In 2011, Carrie was named Horace Mann, Illinois Principals' Association Innovative Educator and in 2013, Illinois Council on the Teaching of Foreign Languages Teacher of the Year. In 2014, she was named Central States Conference on Teaching of Foreign Languages Teacher of the Year becoming a finalist for the National TOY.

Carrie has also authored the novels *Bianca Nieves y los 7 toritos* and *La Calaca Alegre* and has co-authored *La hija del sastre* with Carol Gaab. She has authored several teacher's guides and culturally based units to accompany her novels. She is passionate about bringing the culture of Spanish speaking countries into her classroom and creating a lifelong love of language in her students.

A NOTE TO THE READER

This fictional story takes place in Panamá and contains elements of magical realism and of real events and places.

This book is written strategically and comprehensibly at an intermediate level to help you easily pick up advanced grammatical structures while you enjoy reading a compelling and suspenseful story. We suggest you peruse the glossary to familiarize yourself with some common structures that are used throughout the story.

The comprehensive glossary lists all high-frequency words and phrases that are used in the story. In addition, the glossary lists more advanced and complex structures, which are also footnoted at the bottom of the page where each occurs.

We hope you enjoy the story...

Índice

Capítulo 1
Conexiones

Intenté, distraído, matar un mosquito que me molestaba antes de entrar al Museo del Canal Interoceánico de Panamá con mis abuelos.

– No te las rasques[1] –me dijo mi abuela.

Yo tenía como 43 picaduras[2] después de una aventura acampando con unos amigos míos en la selva y no podía imaginarme ni una más.

[1]*No te las rasques. - Don't scratch them.*
[2]*picaduras - insect bites*

1

— Andrés me dijo que hay evidencia científica de que no puedes sentir la sensación de más de una picadura a la vez. A mí me parece que ese científico no había conocido a ningún mosquito panameño —yo comenté.

— Eso es mentira. Y además, rascártelas solo hace que te piquen[3] más. ¡Déjalas! —expresó mi abuela con un tono firme.

— ¡Ay, Tita! No es tan fácil —le respondí, rascándomelas de nuevo.

Entré con ellos al museo y esperé un momento para que mis ojos pudieran adaptarse a la luz artificial. Mi abuelo tenía una obsesión por la historia de la construcción del Canal de Panamá. Cada vez que veníamos a esta parte de la ciudad, el Casco Antiguo, él tenía que entrar.

Entramos en el primer salón. Por todos lados, podíamos ver imágenes de la época de la construcción. Durante años, el canal ha sido una parte importante de mi país. En el museo siempre se ve lo costoso que había sido tenerlo, no solo por el

[3]*piquen - they itch*

dinero sino por todas las vidas perdidas. Yo realmente lo apreciaba, pero había visitado el museo tantas veces que ya no estaba tan entusiasmado como mi abuelo.

> – Antonio, –él me llamó–, ¿leíste este panel? ¡Habla de nuestros antepasados[4]! Sacrificaron mucho para que tuviéramos el canal hoy en día.
>
> – Sí, Tata. Lo leí cuando vinimos en octubre.
>
> – El asesino silencioso… –dijo él, pensativo, viendo el panel–. Tanta gente murió durante la época de la construcción del canal sin saber por qué. ¿Sabes lo que era?

Mi abuelo me miró con la expresión de un niño con un juguete nuevo y yo no quería desilusionarlo.

> – Sí, Tata. Sé lo que era. El asesino silencioso…el mosquito…

Mecánicamente, toqué uno de mis brazos, rojo e inflamado de tantas picaduras.

---

[4] *antepasados - ancestors*

3

Aunque a mí no me interesaba mucho, no me molestaba venir con Tata. Mi abuelo estaba muy orgulloso de sus orígenes. Le fascinaban las historias de los trabajadores que habían llegado a Panamá para ayudar con la construcción del canal, podía leerlas durante horas. Mi tatarabuelo[5] Remy, el abuelo de mi abuelo, llegó a Panamá con su hermano durante la época de la construcción desde Martinica, una isla caribeña francesa.

– Me encanta verte tan orgulloso, Tata –le dije alejándome un poco para leer otro panel.

[5]*tatarabuelo - great-great-grandfather*

4

> *Durante la época de la construcción, trabajadores de las islas caribeñas: Jamaica, Martinica, Trinidad y Tobago, Haití y Barbados formaron gran parte de los que construyeron el Ferrocarril y el Canal.*
>
> *Miles de estos trabajadores, llenos de energía, llegaron a la construcción e hicieron posible el éxito del proyecto.*

Fingí leer uno de los paneles que trataba de los trabajadores afroantillanos[6] mientras revisaba mis mensajes de texto. Tenía uno de Andrés y dos de Mónica. *«Museo con Tata. ¡Qué sorpresa! ¿No?»*, les respondí a los dos con el mismo mensaje.

Decidí dejar a mi abuelo con sus memorias y pasé a la sección dedicada al Corte Culebra. Ver las fotos de los hombres trabajando y leer los

[6]*afroantillanos - Afro-Antillean workers; workers from a chain of islands in the West Indies*

5

paneles detallando los accidentes me resultaba muy triste, así que intenté pensar en mi novia, Mónica, y en llamarla...pero no podía ignorar lo que veía.

Me acerqué a un panel donde vi todo el Corte Culebra. A mi lado, un guía le explicaba a un grupo de turistas:

> – La parte más angosta[7] del canal se cono-
> ce como el Corte Culebra o Corte
> Gaillard. El nombre de Culebra viene de
> una comunidad ubicada en el mismo
> sector donde se hicieron las excavacio-
> nes. Allí fue donde murieron muchos tra-
> bajadores, que venían de diferentes paí-
> ses, producto de la inestabilidad de la
> dinamita y los deslizamientos de tierra[8].

Desde mi casa, podía ver ese milagro de la construcción del canal donde el abuelo de mi abuelo, mi tatarabuelo Remy, había trabajado. Murió, como tantos otros, en un deslizamiento provocado por la dinamita.

[7]*angosta - narrow*
[8]*deslizamientos de tierra - landslides*

Mi abuelo me llamó de nuevo:

> – ¡Antonio, ven! Mira esta foto –gritó con entusiasmo–. ¡Es el barco en que llegó tu tatarabuelo a Panamá!
>
> – Ya voy, Tata –le respondí caminando hacia él.

Me acerqué y él me dijo:

> – Mira. Mi abuelo y su hermano eran muy jóvenes cuando llegaron con sus amigos.

Miré la foto que me enseñaba sin mucho interés porque ya la había visto muchas veces. Mi abuelo, de ascendencia martinicana, siempre me hablaba de su abuelo...y de su padre...y de la vida

durante la época de la construcción del canal.

– Tu tatarabuelo dio su vida para que todos
pudiéramos tener este canal. Debes estar
orgulloso.

– Tienes razón, Tata. Y estoy muy orgulloso
por eso. Y creo que, en octubre, me
mencionaste que esos hombres son tu
abuelo y su hermano... –hice una pausa
dramática–, y en agosto, y en junio,
y... –le dije con una sonrisa.

– Tú siempre con un chiste, Toño. Tienes
más en común con tus antepasados de lo
que piensas –me respondió tocándome
el brazo cariñosamente. Con tono feliz,
añadió –Un día serás tan viejo como
yo...y también contarás tus historias una
y otra vez.

– Es todo fascinante, Tata. Realmente fascinante, pero no siento la misma conexión
que tú... –no sabía por qué pero no me
sentía ni conectado con mi tatarabuelo
ni con las otras 30.000 víctimas de la
construcción.

En ese momento, mi abuela entró en el salón y mi abuelo la llamó.

> – ¡Nani! Mira esta foto. ¡Es el barco en que llegó mi abuelo a Panamá!

Con la distracción perfecta, empecé a caminar hacia la librería para ver los libros de historia...la experiencia me dijo que mi abuelo iba a estar leyendo durante un buen rato.

Escuché el zumbido[9] de un mosquito e intenté protegerme de su ataque. Di un paso atrás, hacia mis abuelos, intentando escapar de él. Estaba muy decidido, persiguiéndome, moviéndome hacia ellos.

Me miré el brazo y lo vi. Era el mosquito más grande que jamás había visto. Levanté el brazo y lo observé...me picó y me empezó a chupar la sangre como si quisiera arrancarme la vida[10].

Sin darme cuenta, me encontré de nuevo frente a la foto, junto a mis abuelos. La miré y sentí algo raro. *¿Estaba asustado? ¿En el museo del*

---

[9]*zumbido - buzzing*
[10]*como si quisiera arrancarme la vida - as if he wanted to tear my life away from me*

canal? *¿Qué me estaba pasando? Miré a mi abue-lo... ¿Él también lo sentía?* No parecía que ni él ni mi abuela sintieran nada raro.

Incrédulo, miré la foto de nuevo e inmediata-mente, la sensación me afectó. Me temblaban las manos, tenía el estómago revuelto y no quería nada más que escaparme del salón pero...No podía explicarlo...*¿La foto me llamaba?*

Me acerqué más a mis abuelos, a la vez que-riendo y no queriendo comprender la sensación. Mientras más cerca estaba, más asustado estaba.

Miré la foto de cerca una vez más pero no vi nada inusual...un barco grande y largo, un grupo enorme de hombres mirando felizmente hacia la costa y, en el centro, mi tatarabuelo con su herma-no, vestido de blanco. Su hermano no miraba la costa como los otros. Parecía estar mirándome a mí... *«No seas tonto»,* me dije a mí mismo tocán-dole el brazo a mi abuelo.

> – Necesito un poco de aire, Tata. Te veo enfrente del museo.

Capítulo 2
Una visita al pasado

En mi habitación, me puse a pensar en la foto del museo. *¿Por qué había reaccionado así?* Había visto esa foto muchas veces en compañía de mi abuelo y nunca había sentido nada así.

Intenté visualizarla…un barco grande y largo, muchos hombres mirando la costa, el hombre vestido de blanco mirando la cámara. No comprendí. *¿Por qué me molestaba tanto?* Era imposible que el hombre realmente me estuviera observando. Era

una foto, ¡por Dios!

Me acerqué a la ventana y miré hacia el Corte Culebra. Vivía con mis padres y mis abuelos paternos en Paraíso, que durante la construcción del canal era un sector del 'Silver Roll'. En esa época, las familias blancas, las norteamericanas, vivían en zonas del 'Gold Roll' con mejores trabajos y salarios. Ahora Paraíso era una comunidad pequeña conocida por su abundancia de aves y selva prístina.

Agarré un libro y me acosté[1] para escuchar música. Entre el ritmo de la música salsa, un libro que era un poco aburrido y la confusión de mis emociones, los ojos se me cerraron. Me dormí sin

[1] *me acosté - I lay down*

querer.

    – ¡Antoine! –me gritó el hombre a mi lado.
    Abrí los ojos y vi a mis amigos que me
    acompañaban en el barco.

    – Hermano –él continuó–, ¿ves la costa?
    ¡Ya llegamos! ¡Llegamos al istmo^2 de los
    sueños!

Percibí un olor particular…olor a agua salada.
El olor del mar. Escuché las voces de los viajeros y
vi sus expresiones entusiasmadas. Nuestro entusiasmo era contagioso.

Miraba el mar. Sentía el aire en la cara. Estaba
contentísimo. Yo le respondí:

    – ¡Sí, hermano! ¡Ya llegamos!

Sentía el calor del día y el agua marina en que
se movía el barco. Escuchaba las aves marinas
anunciando la llegada del barco a Colón para
hacer los sueños de nuestro grupo de martinicanos
realidad. Íbamos a trabajar durante 500 días y después regresaríamos a casa con más dinero de lo
que nuestros amigos habían visto en toda su vida.

^{2}istmo - isthmus (a narrow strip of land with sea on
either side)

Íbamos a regresar a Martinica como héroes por conquistar la geografía del istmo panameño con ese canal.

La esperanza de los viajeros era notable. Todos nos imaginábamos una vida mejor. La vista de esta costa preciosa nos convenció de que nuestra decisión de abandonar la vida caribeña era la correcta. Este canal iba a cambiar el mundo e íbamos a ser parte de la historia. El barco dejó de moverse y entonces escuchamos una conmoción:

– ¡Que se bajen! –gritó un hombre tratando de organizar a todos los viajeros–.
¡Que se bajen y esperen instrucciones!

Me bajé del barco junto a mi hermano, Remy. Tomamos la decisión de viajar juntos. Éramos jóvenes y queríamos conquistar el mundo.

– Blancos por aquí, negros por allí –gritó el hombre, separándonos de los norteamericanos que habían llegado al puerto.

Un hombre martinicano con pelo rubio y piel blanca empezó a caminar hacia la línea de los blancos, pero el hombre lo agarró del brazo.

– ¿Hablas inglés?

– *Non. Je parle Creole*[3].

– Esta línea es para la gente de los Estados Unidos. ¡Qué vayas con los negros!

Remy me miró con una sonrisa enorme, éramos MUY negros, y me dijo:

– *Allez*[4], Antoine, parece que no vamos a poder pasar por blancos si él no lo pudo hacer.

– ¡Ja ja ja! –me reí–. *Wè sé sa menm*[5]! Vamos a la línea de los más guapos, entonces.

Esperamos nuestro turno para solicitar trabajo y una cama en una de las barracas[6]. No nos molestaba esperar porque había mucha acción en el puerto y estábamos entretenidos observando a la gente haciendo su trabajo.

– Espero que me den un trabajo aquí en la

---

[3]*Non. Je parle Creole. - No. I speak Creole. (French Creole term)*
[4]*Allez. - Let's go. (French Creole term)*
[5]*Wè sé sa menm. - That's right. (French Creole term)*
[6]*barracas - barracks (sleeping area)*

costa –me confesó Remy–. Me gustaría
poder ver los barcos llegar.

– A mí no. Yo quiero construir el canal.
Quiero que mis hijos sepan que YO
–grité con un gesto muy dramático
–construí el canal. Que sin su padre, este
canal no existiría.

– ¡Ay, hombre! *C'est n'importe quoi!*[7] –respondió mi hermano con una sonrisa–.
No hay mujer viva que vaya a querer
tener hijos tuyos.

[7]*C'est n'importe quoi! - That's nonsense! (French Creole term)*

16

No pude responder porque nos llamaron. Remy se acercó primero a los hombres responsables de los trabajos.

> – Tenemos trabajo en Culebra. Vas a explotar la roca para excavar esta sección del canal –el hombre le dijo sin mirarle.
>
> – ¿No hay nada aquí en la costa? Me gustaría trabajar en el puerto. En Martinica... –empezó pero el hombre lo interrumpió.
>
> – ¿El puerto? –le preguntó con asco–. Eres negro. Los negros trabajan en Culebra –le dijo terminando la conversación.

Cuando Remy fue a la mesa donde los trabajadores nuevos encontraban una barraca, yo me acerqué a ellos y me ofrecieron el mismo trabajo. Dijeron que era un trabajo peligroso pero muy importante para la construcción. Querían que yo trabajara en la parte del canal llamada Culebra.

Aceptamos el trabajo porque no había otra alternativa, pero a mí me daba igual. Yo quería hacer el trabajo más peligroso de la construcción. Entre más peligroso, mejor para mí.

Me dieron mi barraca y entonces busqué a

Remy. Empezamos a caminar hacia el transporte que nos iba a llevar a la barraca.

> – Yo voy a 'Paraíso'. ¿Y tú?

> – Yo también –me respondió Remy, un poco triste–. No voy a poder mirar el mar ni observar los barcos llegar al puerto.

> – No –le comenté con una sonrisa juguetona–, pero vas a poder mirarme a ¡MÍ!

> – ¡Uf! En ese caso, creo que venir a Panamá fue un gran error –me respondió con una enorme sonrisa.

Capítulo 3
La construcción

Me desperté desorientado y con un terrible dolor de cabeza. Miré por todos lados y me di cuenta de que estaba en mi habitación, en la cama. El sueño se había sentido tan real…los olores, las sensaciones…todo tan real.

Poco a poco mi confusión iba convirtiéndose en alivio. Estaba escuchando mi música favorita en mi cama cómoda, solo había sido un sueño… con solo pensarlo, me iba calmando pero ¡ay!...

me dolía tanto la cabeza. Cerré los ojos para aliviar el dolor un poco y pronto me quedé dormido de nuevo.

> – Pásame la dinamita –me gritó Remy con voz nerviosa.
>
> – *Pa ni pwoblèm*[1] –le respondí.

Trabajábamos en Culebra, parte de la División Continental, un área montañosa que íbamos convirtiendo en parte del canal. Los ingenieros de la construcción planeaban formar el lago Gatún y entre el lago, el río Chagres, y esta sección expandida, íbamos a conectar los dos océanos. *«Increíble»*, me dije a mí mismo.

Remy miró el área y me comentó:

> – Nos queda tanto trabajo… Yo conocí a una chica, me casé y ahora tengo un hijo en camino… Creo que yo he cambiado más, en un año, que Culebra.
>
> – *Wè sé sa menm!*…¡Tienes razón! Es un ciclo sin fin –le respondí, caminando hacia una de las cajas de dinamita.

---

[1] *Pa ni pwoblèm. - No problem. (French Creole term)*

20

Aunque usábamos la dinamita todos los días, nunca nos sentíamos cómodos. Hacía mucho calor en la selva y la humedad, pues, ni la mencionamos… Durante el día, la temperatura dentro de Culebra podía llegar arriba de los 38°C[2]. Esa combinación de temperatura extremadamente alta y la humedad de la selva tropical causaba problemas con la glicerina dentro de la dinamita, haciéndola muy inestable. Esta inestabilidad provocaba muchas explosiones peligrosas.

Yo me acerqué y le pasé la dinamita a mi hermano. Preparábamos una explosión que iba a des-

[2]*38°C - 100°F*

truir una pequeña parte de la montaña que teníamos que mover. «*Mover montañas…*», pensé, orgulloso. «*No es el trabajo que anticipábamos cuando salimos de Martinica pero ¡qué trabajo más importante!*».

Remy puso la dinamita en el área designada y nosotros dos corrimos hacia el área segura. De repente, la explosión destruyó la gran roca y todos los trabajadores corrimos hacia el sitio para mover lo que podíamos antes de poner otro explosivo y mover más roca. Era un ciclo que se repetía hora tras hora y día tras día.

La maquinaria que movía la roca y la tierra, llevaba las rocas más grandes al tren que luego las llevaba cerca de la ciudad de Panamá, donde poco a poco iban construyendo un barrio norteamericano con su rompeolas, robándole el territorio al océano.

Remy puso otro cargamento de dinamita en su sitio y corrimos hacia el área segura. Aunque corrimos rápido, escuchamos que la dinamita explotó prematuramente.

Nos caímos al suelo, había rocas y tierra

cayendo por todas partes y escuchamos los soni-
dos de nuestros compañeros de trabajo gritando.
Levanté la cabeza y miré la destrucción. Había
personas muertas y mucha sangre. Vi que todos los
que podían estaban intentando ayudar a las víctimas de la explosión.

    – ¡REMY! –grité buscando frenéticamente
    a mi hermano…mi hermano menor.
Intenté levantarme pero no pude.

    – ¡REMYYYYY!

    – ¡Antoine! –me respondió–. ¿Estás bien?

    – *Mon dieu!* Gracias a Dios –le dije abra-
    zándolo–. Cuando no te vi, imaginé lo
    peor.

23

Remy se me acercó y me ayudó a levantarme. Me ayudó a caminar hacia el área segura e inmediatamente fue a ayudar a los otros. Poco después, Remy se acercó y se sentó a mi lado.

> – Tanta destrucción. Pudimos haber muerto.

Sin poder quitar los ojos de la destrucción, le respondí:

> – ¿Y si hubiéramos muerto? ¿Quién cuidaría de nuestra familia entonces?

Capítulo 4
Escapando sueños

Con el corazón palpitando con fuerza y el dolor de cabeza más horrible de toda mi vida, me senté en la cama. *¿Qué me pasaba?* Este sueño no me permitía dormir en paz. Era tan real…como si yo hubiera viajado a la época de la construcción. Había tenido muchos sueños en mi vida pero como este, nunca.

Decidí levantarme. Necesitaba distanciarme

del sueño. Bajé a la cocina para tomar agua y calmar mis nervios. Cuando me levanté, me di cuenta de que también tenía el estómago revuelto. ¿Quizás necesitaba comer algo?

En la cocina, encontré a mi abuelo sentado en la mesa:

- ¿Despierto a estas horas, Tata? –le pregunté con una sonrisa.

- ¿A estas horas? ¡Son las 9, Antonio! ¡Tú te dormiste antes de comer!

Miré el reloj incrédulo. Mi abuelo tenía razón. Solo eran las nueve de la noche. ¿A qué hora me había dormido? ¿A las siete?

- Si quieres, hay un plato con la cena para ti que tu mamá te preparó. Te lo puedo calentar –me ofreció Tata, caminando hacia el refrigerador.

- Gracias. Tengo hambre, es mejor que coma algo, –le respondí sentándome en la mesa.

Esperando en silencio la comida, yo decidí que quizás todas estas historias de mi tatarabuelo y la construcción del canal me ayudarían a resolver el misterio del sueño.

— ¿Tata? —le pregunté con voz tímida–.
¿Cómo murió tu abuelo?

Mi abuelo me miró sorprendido. Yo casi nunca quería escuchar sus cuentos. Sonrió y empezó:

— Pues, mi abuelo murió cuando mi padre solo era un bebé. Como sabes, él trabajaba construyendo el canal. Todos los días había accidentes horribles; explosiones y deslizamientos. Muchos trabajadores murieron de enfermedades que ahora no son tan problemáticas. Tu tatarabuelo murió en uno de esos accidentes.

– Tuve un sueño –yo le interrumpí–. Fue muy real. Estaba trabajando en la zona del canal. Yo era uno de los trabajadores. ¿Crees que significa algo?

– Creo que significa que tú tienes una imaginación activa –me dijo mi abuelo sonriendo.

Lo pensó un momento y continuó:

– Fue la visita al museo que provocó tu sueño. Esas visitas me fascinan pero veo que te afectan de una manera diferente. No tienes que regresar si no quieres.

– No es que no me guste la historia, es que no me gusta lo que hacían en el pasado. Me molesta el tratamiento a los trabajadores.

– Tienes razón, Antonio. Es difícil ver los errores del pasado pero también nos ayudan a no repetirlos.

Intenté, pero no podía comer mientras escuchaba a mi abuelo hablar de su familia y de crecer en la Zona del Canal. Mi tatarabuelo había llegado en la época de la construcción pero mi abuelo había crecido con el canal ya funcionando. Intenté imaginar a Panamá sin el canal pero me resultó imposible.

Me sentí aliviado…aliviadísimo. Estaba seguro, sentado en la cocina, escuchando la voz familiar de mi abuelo. Nada fuera de lo normal. Me calmaba repitiéndome *«solo fue un sueño»*. Sabía que era imposible que yo hubiera estado en la Zona del Canal hace más de cien años pero tenía una sensación rara y me sentía muy mal. Era tan real que estaba asustado de dormirme de nuevo. Estaba asustado pero también me sentía exhausto. No lo podía explicar pero estaba más exhausto que nunca.

Mi abuelo miró el plato:

    – M'ijo. No comiste casi nada.

    – No tenía tanta hambre como pensaba.

    –Él tomó mi plato y lo lavó.

    – Me voy a dormir –me anunció, caminando hacia su habitación–. ¿Por qué no vas a la cama tú también? Tu sueño ya pasó. Duérmete.

Levantándome, yo le respondí:

– Gracias, Tata, por la comida y por la conversación.

– De nada, m'ijo. Que tengas dulces sueños.

– ¡O que ya no sueñe! –comenté nervioso, yendo a mi habitación.

Capítulo 5
Balanceándome

En la habitación de nuevo, caminaba en círculos mirando mi cama, nervioso. Estaba cansado… MUY cansado pero no quería dormir. *¿Por qué no podía dejar de pensar en el sueño?* Me molestaba tanto como la foto en el museo y el mosquito persistente.

Decidí caminar. Normalmente cuando tenía

un problema en el que necesitaba pensar, correr me ayudaba a encontrar una solución pero como me sentía tan mal, no creía que correr fuera a ser una buena opción. Si tenía suerte, quizás caminar un poco me calmaría los nervios de la misma manera.

Agarré los tenis y me los puse. Conecté los auriculares a mi celular para poder escuchar música y salí sin decirle nada a mi familia. Quería estar solo.

Caminé por la calle intentando recordar los sueños. «*Recuerdo que yo llegué a Panamá en un barco como el barco de la foto*», me dije intentando racionalizar los sueños. «*Es lógico que haya soñado con el barco porque vi la foto en el museo hoy*».

«Soñé con el accidente pero también leí el panel que describía las condiciones de trabajo para los afroantillanos», dije en voz alta, «y mi abuelo siempre me habla de la muerte de su abuelo». Cuanto más lo pensaba, más lógico me parecía.

Ni siquiera pude caminar una milla porque

me sentía fatal. Ya había racionalizado todas mis preocupaciones con los sueños así que decidí regresar a casa. Estaba cansadísimo y el dolor de cabeza se había intensificado. Entré en la casa y subí a mi habitación aliviado, sin miedo a dormirme.

Fui al baño y me bañé rápidamente. De nuevo sentí que mi estómago estaba muy revuelto. «*Náuseas*», pensé. «*Es justo lo que necesitaba*».

Me tiré sobre la cama y puse música. Pensaba que con el estómago y la cabeza tan doloridos, tendría dificultad para dormirme pero casi al acostarme, me dormí.

Abrí los ojos, desorientado. «*¿Dónde estoy?*», pensé con pánico. Levanté la cabeza y vi que estaba en el hospital con muchas otras personas. ¡Tenía tanto calor! Sentía que ardía[1]. Tenía mucha sed también. Intenté llamar a una enfermera pero no pude hablar. Dejé que mi cabeza cayera de nuevo en la cama.

Busqué a Remy en todas las camas pero no lo

[1]*ardía - I was burning*

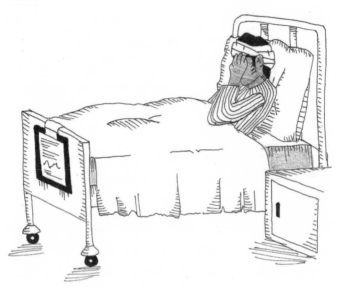

vi. «¿*Está aquí también? ¿Por qué estoy en el hospital?*», me pregunté. Me di cuenta de que me dolía mucho la cabeza e intenté tocármela. «¡*Ay!*», grité retirándome la mano de la cabeza rápidamente. «¿*Qué me pasó?*».

Poco a poco iba recordando la explosión y mi conversación con Remy después. «*Algo me golpeó*», me dije a mí mismo. «*Algo me golpeó y me llevaron al hospital…*»

Escuché el zumbido de un mosquito e intenté

matarlo pero con el dolor de cabeza que tenía, no podía hacer movimientos tan abruptos. *¿Por qué a los mosquitos les gustan tanto los oídos?.*

Por fin, lo vi en mi brazo. Era el mosquito más grande que jamás había visto. *«¿Me picaste? ¿En serio?»*, le pregunté al minúsculo depredador y lo maté. Un pequeño círculo de sangre se formó… *«Mi sangre»*, pensé.

Estaba mirando la sangre, fascinado, cuando Remy entró.

- *Sa ou fe boug mwèn?* –me preguntó–. ¿Cómo estás?

- *Sa ka alé, é wou?*[2]

- Hermano. Te ves mal. ¡Uy! MUY mal. –me dijo con una sonrisa.

- Pues, me siento muy bien. ¿Vamos al trabajo? –le pregunté.

- ¡Ja, ja, ja! Ojalá…pero me dijeron que tú ibas a estar aquí por 2 ó 3 días. Parece que yo voy a tener que trabajar por los

---

[2]*Sa ka alé, é wou? - I'm fine, and you?*
(French Creole term)

dos. Menos mal[3] que tengo músculos muy grandes –me dijo flexionando.

– ¿2 ó 3 días? ¿Para qué?

– Una roca te pegó y perdiste sangre. Quieren observarte un poco. ¡No te preocupes! Un hombre tan fuerte como tú va a ganar los corazones de todas las enfermeras. No vas a querer salir de aquí. –me dijo riéndose.

– Tienes razón, hermano. Tienes razón.

[3]*menos mal - good thing*

Capítulo 6
Reptiles y otros monstruos

A la mañana siguiente, me desperté en mi cama, enfermo. Tenía frío…muchísimo frío y me temblaban las piernas. Todavía me dolía la cabeza y el estómago ya no estaba revuelto, ahora estaba a punto de explotar. Quería llamar a mi madre pero no tenía energía. Estaba completamente exhausto. *¿Qué me estaba pasando?*

Miré el reloj. Ya hacía mucho sol pero tan solo eran las 7 de la mañana. El ruido de los utensilios de cocina me despertó. Sabía que mi abuela y mi mamá estaban preparando el desayuno. *«Pronto, una de ellas va a venir a mi habitación para decirme que es hora de desayunar y va a ver lo enfermo que estoy»*, pensé cerrando los ojos.

– ¿Cómo está? –escuché una voz a distancia. Era Remy.

– Tiene fiebre amarilla. Está muy grave. No sabemos si va a vivir o no. –le respondió uno de los doctores responsables de los pacientes en el hospital del campamento 'Silver Roll'.

Remy se me acercó y me dijo:

– *Tienbé red, pa moli.*[1]

Me tocó el brazo y salió. Intenté llamar a Remy pero no podía levantar la cabeza. Abrí los ojos y no vi ni a Remy ni al médico...estaba en un mundo de terror. Estaba viviendo una pesadilla.

---

[1] *Tienbé red, pa moli. - Don't give up; be strong.*
(French Creole term)

Estuve delirando durante horas. Veía fantasmas y monstruos. Gritaba, intentaba escaparme de la cama y temblaba. Otros médicos me observaban y hablaban en voz baja. Allí estaba yo, otro trabajador, víctima de la fiebre amarilla que tomó la vida de tantos en la construcción del canal.

> – Ayúdenme –intenté gritar pero solo salió un sonido patético. Nadie me escuchó.

> – ¿Remy? –dije en voz muy baja, buscando a mi hermano–. ¿Estás aquí?

No sé si estaba o no porque no veía nada normal. Estaba soñando con los ojos abiertos. Vi una serpiente enorme de color verde en el suelo. Levantó su cabeza de reptil y me observó. *¿Era real?*

Poco a poco, la serpiente se me acercó y se subió a la cama. Primero la cabeza…luego su largo cuerpo. Se arrastraba² lentamente a lo largo de mi cuerpo hasta que sentí el peso del reptil sobre mi pecho e intenté gritar pero ni siquiera³

---

²*se arrastraba - slithered; dragged itself*
³*ni siquiera - not even*

podía respirar. Era tan pesado… *¿Por qué las enfermeras no lo habían atrapado?*

Un mosquito enorme hizo un círculo alrededor de mi cama y bombardeó mi cabeza. Era grande. Aún más grande que un ave. El reptil lo miraba como en un trance.

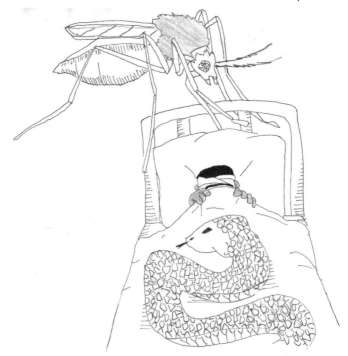

Quería protegerme de los dos pero no podía mover los brazos con la serpiente encima. El mosquito me bombardeó otra vez. Vi que iba a picarme el ojo...pero la serpiente lo agarró, abrió la boca y se lo comió.

De repente, la serpiente se convirtió en una araña. Sus piernas peludas me tocaron la cara y el monstruo levantó la cabeza y yo, atrapado, podía ver sus colmillos[4]. Me desperté gritando:

> – *Non*[5]*!* Por favor, noooo... –me caí de la
> cama al suelo.

Mis padres entraron y mi mamá me agarró, tratando de calmarme.

> – Está bien, amor. Estamos aquí.

Con solo tocarme, ella miró a mi padre con preocupación:

> – Está ardiendo en fiebre.
> – Voy por agua y medicina, –le respondió
> mi padre corriendo hacia la cocina.
> – ¿Qué pasa, Antonio? –ella me preguntó,
> abrazándome–. ¿Tuviste una pesadilla?

Ni siquiera podía responder. Todavía veía los colmillos de la araña monstruosa acercándose a mi cara. Abracé a mi madre y lloré hasta que mi corazón se calmó y la pesadilla empezó a desvanecerse[6].

Mi padre se acercó y me pasó la medicina y el

[4]*colmillos - fangs*
[5]*non - no (French term)*
[6]*desvanecerse - to fade away*

agua. Me preguntó:

– ¿Con qué soñabas, m'ijo?

Despertados por la conmoción, mis abuelos se me acercaron también. Miré las caras preocupadas de mi familia y me sentí humillado...muy enfermo pero más humillado. *¿Todo esto por una pesadilla y una fiebre?*

– ¿Fue el sueño del canal de nuevo? –me preguntó mi abuelo tocándome el brazo.

Vi que miraba a mi mamá con expresión preocupada cuando sintió el calor de mi piel. Yo intenté forzar una sonrisa.

– Solo fue una pesadilla, abuelo. Creo que había una serpiente pero no lo recuerdo bien –respondí.

¿Por qué no les dije la verdad? Realmente no sabía por qué pero estaba seguro que no quería analizar la pesadilla con ellos todo el día.

Miré hacia la ventana y vi que era de noche. «*¿Era de noche?*», me pregunté. «*¿Había dormido durante todo un día?*».

– Mamá, ¿Qué hora es? ¿Es de noche?

– Has estado dormido durante todo el día,
m'ijo. Estamos muy preocupados –me
dijo.

No comprendía lo que me pasaba. Solo quería que ellos regresaran a sus habitaciones a dormir. Me sentía fatal. Quería estar solo pero con
solo pensar en la pesadilla, me di cuenta de que
no iba a dormir. Iba a pasar toda la noche…no, el
resto de mi vida, despierto.

Capítulo 7
Ángel negro

No dormirme fue mucho más difícil de lo que me imaginaba. Me sentía peor. Me dolía todo el cuerpo, hasta los huesos[1]. Temblaba de frío en un momento y de calor en otro. Sentía que la cabeza

[1]huesos - bones

me iba a explotar y quería vomitar. Me di cuenta de que no dormirme me resultaba peor que las pesadillas. Traté de pensar en mi novia, en mis amigos, en todo lo que me hacía feliz para que no me atormentara la pesadilla de nuevo y pronto me dormí.

> – ¡Agárralo! ¡Se va a caer de la cama! –gritó una de las enfermeras, una mujer negra y muy atractiva.

Ella y otra enfermera me agarraron de los brazos y me ayudaron a acostarme otra vez. La miré con ojos confundidos y le pregunté:

– ¿Eres un ángel? Eres muy bonita.

La enfermera se rió y me lavó la cara con una toalla fría. Me respondió con voz cariñosa:

> – No, amor. Soy enfermera. Estás en el hospital. Estás muy enfermo.

> – ¿Enfermo? –repetí.

> – Sí. Muy, muy enfermo –ella me dijo mirándome a los ojos.

> – ¿Y estoy en el hospital? –le pregunté–. ¿Dónde está mi hermano? Vamos a regresar a Martinica. Tenemos que ir al barco. No voy a regresar solo.

La enfermera me tocó la cabeza y me dijo:

> – Tu hermano no está, cariño. Estás solo. Estaba aquí pero tuvo que ir a trabajar.

> – No puedo salir sin mi hermano. Vamos a regresar… –se me cerraron los ojos.

La enfermera llamó al doctor:

> – Señor, parece que está muy mal. No sabe dónde está.

El doctor me miró y le respondió:

– No creo que vaya a sobrevivir. Solo podemos esperar.

La enfermera me miró con ojos tristes y me tocó la mano de nuevo. Abrí los ojos y le pregunté:

– ¿No voy a sobrevivir?

– Siempre hay esperanza –me dijo ella–. Duérmete, Antoine. Dormir es buena medicina.

Por la expresión de su rostro[2], sabía que realmente no había mucha esperanza. Con eso, ella se dio la vuelta y empezó a caminar hacia otro paciente cuando una explosión estremeció[3] el hospital móvil.

– ¡Una explosión! –gritó ella mirando a sus pacientes nerviosamente–. Estuvo muy cerca. Va a haber víctimas.

¿Una explosión? quería preguntar. Remy estaba trabajando.

[2]*rostro - face*
[3]*estremeció - shook*

Todos en el hospital estaban corriendo, preparándose para los pacientes nuevos. En la confusión, nadie me notaba. Solo quería saber si Remy estaba bien.

Cerré los ojos, respirando con dificultad. Tenía que saber. Tenía que investigar. Intenté levantarme y en un instante estaba inconsciente.

Capítulo 8
Corriendo

«Aide...¡Ayúdenme!» Intenté respirar pero no podía. Me agarré la garganta y traté de gritar. Me caí de la cama otra vez, sintiendo que me moría.

Por fin, mi garganta se abrió y yo inhalé profundamente. «*Uhhhhhhhhhhhmmmmmmm*» el corazón quería salírseme del pecho, mis pulmones respiraron pero todavía sentía que necesitaba respirar más y más. *¿Murió Antoine? Yo, ¿casi muero?*

La puerta se abrió con un *PUM* y mi mamá entró frenéticamente. Ella había escuchado cuando me caí de la cama. Me ayudó a levantarme.

> – M'ijo, –me dijo preocupada–. Voy a llamar al médico. Quizás nos pueda visitar.

Mi padre entró y me ayudó a acostarme de nuevo mientras mi mamá llamaba al doctor. Aunque yo sabía que no estaba dormido, la línea entre la realidad y la pesadilla ya no era muy clara.

> – Estás bien –me dijo, con mi mano entre las suyas–. El doctor va a venir muy pronto.

Con una toalla fría, mi madre intentó bajar mi temperatura pero estaba muy enfermo. Me dolía cuando me tocaba. Lloré silenciosamente entre sus brazos hasta que se me cerraron los ojos.

Cuando me desperté, estaba en la barraca,

51

en la cama. Sorprendido, levanté la cabeza y vi que todos mis compañeros de trabajo aún estaban dormidos. Me levanté, contento de poder hacerlo.

Desde que había regresado del hospital intentaba apreciar cada día que tenía. ¡Casi me muero! Esta vida era un regalo de Dios.

Remy me vio salir al patio y me siguió:

– *Tu fais quoi?* –me preguntó–. ¿Qué pasa?

– *Bonjour,* hermano.

– ¿Despierto tan temprano? ¡Cómo te gusta el trabajo!

– ¡Ja! –le respondí–. Es que ser tan musculoso requiere mucha disciplina…levantarte al amanecer, comer bien…

Remy me miró con una enorme sonrisa. Después de mi enfermedad, estaba muy flaco.

– ¡Ay, hermano! Sí que estás muy musculoso.

– ¿Viste el periódico de ayer? –le pregunté.

Lo agarré de la mesa del patio y se lo pasé.

– *Fantastique!* ¡Somos famosos! Estamos en

la primera plana de las noticias.

En el periódico, dentro de un artículo detallando la visita del presidente norteamericano, Teddy Roosevelt, al canal, había una foto de un barco llegando a la costa de Panamá y en pleno centro de la foto estábamos Remy y yo.

> – El hombre de blanco, el elegante, soy yo –le dije a mi hermano–. Nos vestimos y nos fuimos a trabajar. Caminábamos juntos, charlando.
>
>
>
> – Otro día, hermano. ¿Qué piensas que vamos a hacer? ¿Explotar montañas o mover rocas?

Nos reímos. Explotar montañas y mover rocas era el trabajo de cada día.

> – Las condiciones son muy malas hoy, –le respondí– . Con toda esta lluvia, va a estar muy resbaloso hoy.

[1]*resbalosa - slippery*

53

Realmente estábamos nerviosos porque además de los riesgos por la tierra resbalosa[1], la lluvia hacía la tierra mucho más inestable. Los deslizamientos eran una parte del trabajo y ya habían matado a varios de nuestros amigos...pero a pesar de los riesgos, el trabajo continuaba.

– Tengo un mal presentimiento, –admitió Remy–. A lo mejor son mis nervios.

Llegamos al sitio del trabajo y la lluvia era intensa. Todos corríamos en direcciones diferentes, cada uno con un trabajo importante. Sabíamos que el clima iba a afectar nuestra agilidad. La tierra estaba muy resbalosa y no íbamos a poder escapar rápido después de poner un cargamento de dinamita en su sitio. Estábamos preocu-

pados, tensos…yo más que nadie por estar tan débil después de haber estado tan enfermo.

– Antoine –gritó otro trabajador–. *Poté mannèv!* ¡Muévete! Dame la dinamita.

Miré mi mano y pensé que cómo unos explosivos tan pequeños podían causar tanta destrucción. Otra vez, las víctimas de la explosión pasaron por mi mente. *«La dinamita explotó en la mano de uno de ellos»*, pensé. *«¿Sentiría algo o su muerte sería instantánea?»*.

– ¡ANTOINE! –gritó el hombre, impacientemente.

Yo caminé hacia el grupo que iba a poner cuidadosamente la dinamita en su sitio. No quería caerme. No quería hacer nada que hiciera explotar la dinamita que tenía.

– *Mè si*…Gracias –me dijo el hombre sarcásticamente, agarrándola–. ¡Por fin!

Tan rápido como era posible prepararon los explosivos y empezaron a correr hacia la zona protegida. Mis pies se deslizaron[2] pero no me caí.

«¡PUM!» La explosión dejó un eco en mi

cabeza y movió la montaña. Normalmente, el movimiento cesaba inmediatamente pero noté que la tierra bajo mis pies continuaba vibrando. Aunque la explosión me había dejado con un eco en la cabeza, escuché otro sonido también. Parecía uno de los trenes del ferrocarril panameño que llevaba la roca y la tierra excavada a la ciudad.

    – ¡DESLIZAMIENTO! –gritó un hombre.

    Poco a poco todos empezaron a gritar:

    – ¡A CORRER!

Un deslizamiento podía matar a cientos de personas. Corrí. Mi corazón palpitaba, tratando de escapar de mi cuerpo. Iba a morir. Lo sabía. No iba a poder escapar. No iba a poder regresar a Martinica ni tener una familia. Cuanto más lo pensaba, más rápido corría deslizándome por las rocas, gritando en voz alta: «*Mon dieu[3]!*».

---

[2]*deslizaron - they slid; slipped*
[3]*Mon dieu! - My God! (French term)*

Capítulo 9
Una tragedia

Cuando la tierra nos arrastró, perdí a Remy de vista… Caímos–tierra, rocas, seres humanos–caóticamente por la montaña. Entonces escuché gritos pero muy pocos… *¿Por qué había tan pocos gritos?* Había más de cien hombres en el sitio.

¿Tierra? ¿Cielo? Ya no podía distinguir el uno del otro. Era surrealista. La tierra me arrastraba pero siempre me llevaba por encima…la situación era grave. *¿Por qué la tierra no me cubrió?*

Por fin, dejé de caer. Rocas y tierra me pegaron pero permanecía encima de todo. Miré por todos lados buscando a mis amigos, a mis compañeros, a mi hermano... El aire era húmedo, la lluvia continuaba, la tierra había tratado de devorarnos pero no había podido conmigo.

Vi a varios compañeros, que se habían salvado por un milagro o por pura suerte... Parecíamos soldados en una batalla, sangrando y caminando con dificultad. Tanta tierra nos había arrastrado que nuestra ropa estaba completamente sucia. Me levanté y grité:

– ¡REMY! REMY, hermano, ¿dónde estás?

Esperé un momento pero no escuché nada. Vi que los otros habían empezado a ayudar a los trabajadores atrapados por la tierra. Yo también empecé a cavar[1]. Dondequiera que veíamos una señal de vida, intentábamos rescatar a alguien.

Pasaron 10 o quizás 20 minutos, todos buscando frenéticamente a los que habíamos perdido, cuando uno de los hombres me gritó:

– ¡Antoine! ¡Es el zapato de Remy!

Lo vi y corrí hacia ellos. Empezamos a cavar. Cavé lo más rápido que pude porque Remy era mi

[1] *cavar - to dig*

familia. Íbamos a regresar juntos a Martinica en unas pocas semanas.

Sus piernas, su torso, sus brazos...poco a poco su cuerpo se iba revelando. Por fin, llegamos a su cabeza e intentamos levantarlo.

> – Está inconsciente –les dije–. Ayúdenme a
> llevarlo con los otros.

Me miraron sin decir nada.

> – ¿Qué? ¿Qué hacen? ¡Nos necesita!
> ¡Ayúdenme a llevarlo!
>
> – Antoine –uno de ellos empezó.
>
> – No, –interrumpió el otro. Me miró y me

59

dijo calmadamente–, Tienes razón. Te ayudaremos a llevarlo.

Lo levantamos y empezamos a caminar juntos:

– Remy va a estar bien, ¿verdad?

Ellos solo se miraron tristemente. Suavemente lo dejamos sobre la tierra y ellos se fueron hacia los otros trabajadores para buscar a otras víctimas. Me di la vuelta y miré a Remy. Le toqué el brazo y le dije:

– Hermano, despiértate…. –Agarré su

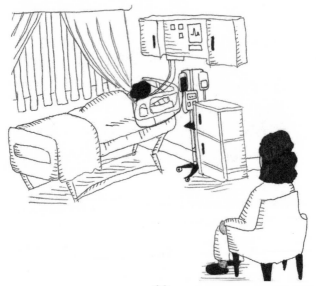

mano–. ¿Remy?...¿Remy?

Puse mi cabeza sobre su corazón y no escuché nada. Ni su respiración ni el palpitar de su corazón.

> – ¿Remy?... ¿Remy?... No puede ser. ¡No puede ser!

Con el corazón a punto de explotar, me desperté en la cama.

> – Souple²! Mon Dieu!
>
> – ¡Antonio! –gritó mi mamá–. ¿Qué dijiste?
>
> – No lo sé –le respondí confundido.

Me desperté confundido, pero estaba seguro de una cosa: Vi morir a mi tatarabuelo.

Ella se levantó de la silla al lado de mi cama. Me agarró y me abrazó. Entonces, corrió hacia la puerta de la habitación.

> – ¡Cristian! –le gritó a mi papá. –¡Está despierto!

¿Dónde estaba? No reconocí nada. Miré a mi alrededor y vi varias máquinas y una venoclisis³. *¿Estoy en el hospital?*

²*Souple! - Help! (French Creole term)*
³*venoclisis - I.V.*

61

Mi papá y mis abuelos entraron a la habitación corriendo, sonriendo el uno al otro.

> – Toño –me dijo mi Tata acercándose y tomando mi mano–, hemos pasado tanto miedo. Estabas muy, muy enfermo.

> – Has pasado días delirando, m'ijo –me dijo mi papá, acercándose también–. No sabes el miedo que tuvimos. Los doctores nos dijeron que tenías dengue.

> – ¿Días? –le pregunté confundido.

Una enfermera negra entró y me tomó la temperatura.

> – Nos asustaste, ángel –ella me dijo antes de salir.

Miré a mi papá y a mi abuelo:

> – Estaba en la Zona del Canal durante la construcción. Creo que estaba trabajando con tu abuelo, Tata.

Mis padres se miraron y entonces me dijeron:

> – No es posible visitar el pasado, hijo. Tuviste una fiebre muy alta. Todo fue resultado del delirio.

> – El delirio –repetí. *¿Era posible?*

Capítulo 10
Toda la verdad

Había pasado cuatro días en el hospital cuando por fin regresé a casa. La mañana siguiente, me desperté en mi propia cama, sintiéndome bien. Muy bien. Sabía lo que tenía que hacer. Tenía que regresar al museo para ver la foto de mi tatarabuelo. Iba a pedirle a mi abuelo que fuera conmigo cuando el museo abriera sus puertas.

Poco a poco mi familia se fue despertando y entrando en la cocina. Intenté esconder mi impaciencia contando chistes y conversando con ellos. Ellos no se creían que había estado allí...que había estado con mi tatarabuelo cuando murió.

– Abuelo, –le pregunté, tímidamente–. ¿Podemos regresar al museo del canal? Pensaba ir solo, pero la pesadilla que tuve cuando estaba enfermo me molesta. ¿Me puedes contar en el carro lo que sabes de tu abuelo?

Emocionado, mi abuelo me dijo:

– ¡Claro, Toño! Sabes que me gusta pasar mucho tiempo allí. Te puedo llevar y también podemos leer un poco sobre el asesino silencioso. El mismo vector que transmitió la fiebre amarilla que mató a tantos trabajadores durante la construcción, te transmitió el dengue.

«Y me llevó a Antoine también», pensé.

Desayunamos, nos vestimos, y me subí al carro de mi querido abuelo. Él me contó todo lo que sabía sobre su abuelo durante el viaje a la ciudad. Cuando me contó la historia de su muerte yo ya sabía más detalles que él. Yo había estado allí, buscándolo, llorando por él.

Al llegar, dejamos el carro y entramos juntos. Mi abuelo vio algo que le interesaba en la tienda del museo y yo decidí investigar un poco solo.

Sin pensarlo, caminé hacia la sección donde estaba mi abuelo en su última visita. Fue allí donde sentí por primera vez esa rara sensación. Fue allí donde mi abuelo me enseñó la foto de mi tatarabuelo con los otros inmigrantes martinicanos.

Entré en el salón y leí algunos de los paneles. Miré varias fotos de los trabajadores que hicieron posible la construcción de un canal entre los dos océanos. Sonreí tristemente. Sus sacrificios cambiaron el transporte en barco para siempre. Por fin comprendí la conexión que sentía mi abuelo con el canal y con su historia.

«No necesité nada más que una enfermedad grave para aprender a apreciarlo todo», pensé infeliz conmigo mismo.

De reojo[1], vi la foto. Inseguro, me acerqué y la

[1]*de reojo - out of the corner of my eye*

miré. Por primera vez, la miré cuidadosamente. Era la misma foto del periódico que tenía Antoine.

Había un barco. Uno por uno, miré a los hombres. Entre ellos, vi algo que no podía creer. Cerré los ojos y conté hasta diez. Me acerqué un poco más y la miré de nuevo.

Me senté en el suelo, incrédulo. Simplemente no era posible. Decidí levantarme y mirarla una vez más para estar seguro de que no era producto de mi imaginación. Me levanté y me acerqué hasta que casi la toqué con la nariz. En el centro, en primer plano, vi a mi tatarabuelo y a su lado, a su hermano…vestido de blanco. Miré su cara…

– Soy yo…dije–. Yo soy Antoine.

Glosario

abiertos - open

abrazó - s/he hugged

abrió - s/he opened

abuelo - grandfather

aburrido - boring

acercó - s/he approached

acostarme - to go to bed

además - in addition to, besides

agarró - s/he grabbed

agua - water

ahora - now

alejándome - moving myself away

algo - something

alguien - someone

algunos - some

aliviado - relieved

allí - there

alrededor - around

alta - tall

amanecer - dawn

amarilla - yellow

amigo - friend

amor - love

añadió - s/he added

angosta - narrow

años - years

antepasados - ancestors

antes - before

aprender - to learn

aquí - here

araña - spider

ardía - I, s/he was burning

(nos) arrastró - it dragged (us)

arriba - up, above

asco - disgust

ascendencia - ancestry

así - so

asustado - frightened

atrás - behind

aún - even

aunque - although

auriculares - headphones

ave - bird

ayúdenme - help me

ayer - yesterday

bajar - to go down

bajo - short

baño - bathroom

barco - ship

69

barrio - neighborhood
bien - well
blanco - white
boca - mouth
bonita - pretty
brazo - arm
buscar - to look for
cabeza - head
cada - each
caer - to fall
cajas - boxes
calentar - to heat up
calle - street
calor - hot, heat
cama - bed
cambiar - to change
caminar - to walk
(**en**) **camino** - (on the) way
cansado - tired
cara - face
cargamento - charge
cariñosa - caring
(**me**) **casé** - (I) got married
casa - house
casi - almost
cavar - to dig
cerca - near, close to
cerré - I closed

cesaba - ceased
charlando - chatting
chica - girl
chiste - joke
chupar - to suck
cielo - sky
cien - 100
ciudad - city
cocina - kitchen
colmillos - fangs
comer - to eat
comida - food
como - like, as
cómo - how
cómoda - comfortable
conmigo - with me
conoce - s/he knows
contar - to tell
corazón - heart
correr - to run
corte - cut
crecer - to grow
creer - to believe
cuando - when
cuanto (**más**) - the more
cubrió - it covered, s/he covered
(**me di**) **cuenta** - I realized

cuerpo - body

cuidadosamente - carefully

cuidaría - would take care of

(me) daba igual - it was all the same to me.

dar - to give

debes - you should

débil - weak

decidido - determined

decir - to say, tell

dejar - to leave

(que me) den - (that) they give (me)

dentro - inside

desayunar - to eat breakfast

desde - since

deslizamiento - landslide

deslizándome - sliding

despertó - s/he woke up

después - after

dieron - they gave

dijo - s/he said

dinero - money

dios - god

dolía - I, s/he hurt, it hurt

dolor - pain

dónde - where

dondequiera - wherever

dormir - to sleep

dulces - candies

durante - during

empezó - s/he, it began

(me) encanta - (I) love it

encima - on top of

enfermedades - illnesses

enfermera - nurse

enfermo - sick

enseñó - s/he taught

entonces - then

entre - between

entretenidos - entertained

época - age, era

era - I, s/he was

eres - you are

eso(s) - that, those

esconder - to hide

escuchar - to listen to

esperanza - hope

esperar - to wait for

esta(s) - this, these

estados - states

estar - to be

estuvo - s/he was

fácil - easy

fantasmas - ghosts

71

(**por**) **favor** - please

feliz - happy

ferrocarril - railroad

fiebre - fever

(**por**) **fin** - finally

fingí - I pretended

flaco - skinny

frío - cold

fue - s/he went

(**que**) **fuera** - (that) I, s/he be, go

fuerte - strong

ganar - to win

garganta - throat

gente - people

golpeó - s/he hit

gracias - thank you

gran - great

gritar - to yell

guapos - handsome

me gusta - I like it

haber - to have (done something)

habitación - room

hablar - to talk

hacer - to do, to make

hacia - toward

hambre - hunger

hasta - until

hay - there is, there are

(**que**) **haya** - that there be

hermano - brother

hijo - son

hizo - s/he made, did

hombre - man

hoy - today

(**como si yo**) **hubiera** - (as if I) had (done something)

hubiéramos - (that) we had (done something)

iba - I, s/he was going

(**me daba**) **igual** - it was all the same to me

intentó - s/he tried

ir - to go

jamás - never

jóvenes - young people

juguetona - playful

junto - together

lado - side

lago - lake

largo - long

lavó - s/he washed

leer - to read

lentamente - slowly

levantar - to get up, to lift

librería - bookstore

libro - book

llamar - to call

llegar - to arrive

llevar - to take

llorando - crying

lluvia - rain

luego - later, then

luz - light

mañana - tomorrow

manera - way

mano - hand

mar - sea

más - more

matar - to kill

me daba igual - it was all the same to me

me di cuenta - I realized

mejor - better

menor - younger

menos - less

mente - mind

mentira - lie

mesa - table

miedo - fear

mientras - while

m'ijo - my son

milagro - miracle

mirar - to look at, to watch

mismo - same

molesta - it bothers

morir - to die

(casi me) muero - I almost die; I am almost dying

mujer - woman

mundo - world

muy - very

nada - nothing

nadie - no one

nariz - nose

ningún - not any, not one

niño - boy

noche - night

nombre - name

noticias - news

novia - girlfriend

nuevo - new

nunca - never

oídos - ears

ojalá - I hope, I wish

ojo - eye

para - for, in order to

parece - s/he seems, it seems

pasó - happened

país - country

Glosario

paz - peace
pecho - chest
pedirle - to ask him for
pegó - s/he hit
peligroso - dangerous
pelo - hair
peludas - hairy
pensar - to think
peor - worse
pequeño - small
perdí - I lost
periódico - newspaper
pero - but
pesadilla - nightmare
pesar - to weigh
peso - weight
picadura - bite (of an insect)
picó - it bit
piel - skin
piensas - you think
piernas - legs
pies - feet
(primera) plana - (first/front) page
(primer) plano - foreground
pleno (centro) - dead center
poco - little
poder - to be able to

poner - to put, place, set
por - for, through, along, by
porque - because
preguntar - to ask for
presentimiento - feeling
pronto - right away
propia - one's own
pudiéramos - (that) we were able
pudo - s/he could
puede - s/he can
puerta - door
puerto - port
pues - well
pulmones - lungs
puso - s/he put
qué - what
que - that
queda - s/he stays
querer - to want
quién - who
quitar - to take off
quizás - maybe, perhaps
rascándomelas - scratching them (on myself)
(tener) razón - (to be) right
recordar - to remember
regalo - gift

regresar - to return

(**me**) **reí -** I laughed

reloj - clock

(**de**) **repente -** suddenly

resbaloso - slippery

revisaba - checked

revuelto - scrambled, upset

riesgos - risks

río - river

rompeolas - breakwater

ropa - clothing

rubio - blonde

ruido - noise

saber - to know

salada - salty

salir - to leave

sangrando - bleeding

sangre - blood

sé - I know

señal - sign

sed - thirst

seguro - safe, secure

selva - rainforest

semanas - weeks

sentar - to sit down

sentir - to feel

(**que**) **sepan -** that they know, that they find out

ser - to be

seres (**humanos**) **-** human beings

(**ha/había**) **sido -** (it has/had) been

siempre - always

siguió - s/he followed, continued

siguiente - the following, the next

silla - chair

sin - without

sino - but rather

sintió - s/he felt

(**ni**) **siquiera -** not even

sobre - about

sobrevivir - to survive

sol - sun

soldados - soldiers

son - they are

soñé - I dreamed

sonido - sound

sonrió - s/he smiled

sonrisa - smile

soy - I am

Glosario

suavemente - smoothly
subió - s/he went up, climbed
sucia - dirty
suelo - floor, ground
sueño - dream
suerte - luck
suyas - yours, theirs
también - also, too
tan - so
tantos - as many
tatarabuelo - great-great grandfather
temprano - early
tener - to have
tiempo - time
tienda - store
tierra - ground, Earth
tiré - I threw
tocarme - to touch me
todavía - still
todo - all, everything
tomar - to take
tonto - foolish, silly
trabajadores - workers
trabajar - to work
tras - behind
tratamiento - treatment

traté - I tried
triste - sad
tuvo - s/he had
ubicada - located
última - last
va - s/he goes
venir - to come
ventana - window
ver - to see
verdad - truth
vestido - dress
vestimos - we dress
vez - time
viajar - to travel
viaje - trip
viajeros - travelers
vida - life
viejo - old
viene - s/he comes
vista - view
vivir - to live
(darse la) vuelta - to turn around
yendo - going
zapato - shoe

Cognados

abandonar - to abandon

abruptos - abrupt

abundancia - abundance

acampando - camping

accidente - accident

acción - action

aceptamos - we accept

acompañaban - they accompanied

activa - active

adaptarse - to adapt

admitió - s/he admitted

afectar - to affect

afroantillanos - afro antillean

agilidad - agility

agosto - August

aire - air

alternativa - alternative

analizar - to analyze

ángel - angel

anticipábamos - we were anticipating

anunció - s/he announced

apreciar - to appreciate

área - area

artículo - article

artificial - artificial

asesino - assassin

ataque - attack

(**que no me**) **atormentara** - (that it not) torment (me)

atractiva - attractive

atrapado - trapped

aventura - adventure

barraca - barracks

bebé - baby

bombardeó - s/he bombed

calmar - to calm

cámara - camera

campamento - camp

caóticamente - chaotically

capítulo - chapter

cargamento - charge

caribeña - caribbean

cariñosamente - caringly, lovingly

carro - car

caso - case

causar - to cause

celular - celular; cell phone

Cognados

ciclo - cycle
científico - scientist
círculo - circle
claro - clear
clima - climate
color - color
coma - coma
combinación - combination
comentó - s/he commented
compañía - company
completamente - completely
comprender - to comprehend, understand
común - common
comunidad - community
condiciones - conditions
conectar - to connect
conexión - connection
confesó - s/he confessed
confusión - confusión
conmoción - commotion
conquistar - to conquer
construcción - construction
construir - to construct, build
contagioso - contagious
contento - content, happy

continental - continental
continuó - s/he continued
convenció - s/he convinced
conversación - conversation
convirtiendo - converting, becoming
correcta - correct
costa - coast
costoso - costly
decidí - I decided
decisión - decisión
dedicada - dedicated
delirando - raving, talking nonsense
delirio - delirious
describía - it descirbed
designada - designated
desilusionarlo - to disappoint him, disillusion him
desorientado - disoriented
destrucción - destruction
destruir - to destroy
detallando - detailing
detalles - details
devorarnos - to devour us
día - day
diferente - different

difícil - difficult
dificultad - difficulty
dinamita - dynamite
direcciones - directions
disciplina - discipline
distancia - distance
distinguir - to distinguish
distracción - distraction
distraído - distracted
división - division
doctor - doctor
dramático - dramatic
eco - echo
elegante - elegant
emociones - emotions
encontrar - to encounter, find
energía - energy
enfrente - in front
enorme - enormous
entrar - to enter
entretenidos - entertained
entusiasmado - enthusiastic, excited
entusiasmo - enthusiasm
error - error
es - s/he is
escapar - to escape

estómago - stomach
evidencia - evidence
excavaciones - excavations
excavar - to excavate
exhausto - exhausted
existiría - it would exist
expandida - expanded
experiencia - experience
explicar - to explain
explosión - explosion
explosivo - explosive
explotar - to explode
expresó - s/he expressed
expresión - expression
extremadamente - extremely
familia - family
famosos - famous
fascinan - they fascinate
fascinante - fascinating
fatal - horrible, fatal, terrible
favorita - favorite
fiebre - fever
firme - firm
flexionando - flexing
formar - to form
forzar - to force
foto - picture

Glosario

francesa - French
frente - front
frenéticamente - frantically
funcionando - functioning
gesto - gesture
glicerina - glycerine
grave - grave, serious
grupo - group
guía - guide
héroes - heros
historia - history
hora - hour
horrible - horrible
hospital - hospital
humanos - humans
humedad - humidity
húmedo - humid
humillado - humiliated
ignorar - to ignore
igual - equal
imágenes - images
imaginación - imagination
imaginar - to imagine
impaciencia - impatience
impacientemente - impatiently
importante - important
imposible - impossible

inconsciente - unconscious
incrédulo - incredulous
increíble - incredible
inestabilidad - instability
inestable - unstable
infeliz - unhappy
inflamado - inflamed
ingenieros - engineers
inglés - English
inhalé - I inhaled
inmediatamente - immediately
inmigrantes - immigrants
inseguro - insecure
instantánea - instantaneous
instrucciones - instructions
intensa - intense
intensificado - intensified
interesaba - it interested
interoceánico - interoceanic
interrumpió - s/he interrupted
interés - interest
inusual - unusual
investigar - to investigate
isla - island
istmo - isthmus
junio - June

justo - fair, just
línea - line
lógico - logical
maquinaria - machinery
máquinas - machines
marina - marine, sea
martinicano - Martinican
mecánicamente - mechanically
medicina - medicine
médico - medic, doctor
memorias - memories
(**ni la**) **mencionamos** - (we won't even) mention (it)
mensaje - message
milla - mile
minúsculo - miniscule
minutos - minutes
misterio - mystery
momento - momento
monstruo - monster
montaña - mountain
montañosa - mountainous
mosquito - mosquito
mover - to move
móvil - mobile
movimiento - movement

mucha - much, a lot
músculos - muscles
música - music
musculoso - muscular
museo - museum
náuseas - nausea
nervios - nerves
nerviosamente - nervously
nervioso - nervous
normal - normal
normalmente - normally
notaba - I, s/he noted, noticed
notable - notable
observar - to observe
obsesión - obsession
océano - ocean
ofreció - s/he offered
opción - option
oportunidad - opportunity
organizar - to organize
orígenes - origens
paciente - patient
palpitar - to beat, palpitate
panel - panel
pánico - panic
parte - part
particular - particular

Cognados

paternos - paternal
patético - pathetic
patio - patio
pausa - pause
pensativo - pensative
percibí - I perceived
perdí - I lost
perfecta - perfect
permitía - I, s/he permitted, allowed
persistente - persistent
personas - people
planeaban - they were planning
plato - plate
posible - possible
prematuramente - prematurely
preocupación - preoccupation, worry
preocupado - worried, preoccupied
preparó - s/he prepared
presidente - president
prístina - pristine
problema - problema
problemáticas - problematic
producto - product

profundamente - profoundly
protegerme - to protect me
protegida - protected
provocó - s/he, it provoked
punto - point
pura - pure
racionalizado - rationalized
rápidamente - rapidly, quickly
raro - rare, weird
reaccionado - reacted
real - real
realidad - reality
realmente - really
reconocí - I recognized
refrigerador - refrigerator
repetirlos - to repeat them
reptil - reptile
requiere - s/he requires
rescatar - to rescue
resolver - to resolve
respiración - respiration, breathing
respirar - to breathe
responder - to respond
responsables - responsible
resto - rest
resultó - it resulted

revelando - revealing
riesgos - risks
ritmo - rhythm
robándole - robbing him
roca - rock
sacrificaron - they sacrificed
sacrificios - sacrifices
salarios - salaries
salvado - saved
sarcásticamente - sarcastically
sección - section
sector - sector
sensación - sensation
separándonos - separating us
serio - serious
serpiente - serpent
significa - it means, its significance is
silencio - silence
silenciosamente - silently
simplemente - simply
sitio - site
situación - situation
soldados - soldiers
solicitar - to solicit
solución - solution

sonido - sound
sorpresa - surprise
surrealista - surreal
temblaba - I, s/he trembled
temperatura - temperature
tenis - tennis shoes
tensos - tense
terrible - terrible
territorio - territory
terror - terror
texto - text
tímida - timid
toalla - towel
tono - tone
torso - torso
trance - trance
transmitió - it transmitted
transporte - transportation
tratamiento - treatment
tren - train
tropical - tropical
turistas - tourists
turno - turn
unidos - united
usábamos - we used to use
utensilios - utensils
varios - various

Cognados

vector - vector, agent of
transmission
vibrando - vibrating
víctima - victim
visita - visit
visualizarla - to visualize it
voces - voices
vomitar - to vomit
zona - zone

Level 1 Nonfiction

Past Tense

150 unique words

Present Tense

1st person

200 unique words

Past Tense

150 unique words

(Also in English & French)

Level 1 Fiction

Past Tense

150 unique words

Present Tense

190 unique words

Present Tense

180 unique words

(Also in French)

Past Tense

280 unique words

Level 1/2

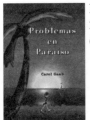

Past Tense
250 unique words
(Also in French)

Past Tense
290 unique words

Prequel
Past & Present
Tense
380 unique
words
(Also in French)
2 versions under 1 cover!

Sequel to Robo en la noche
Past Tense
290 unique words

Past Tense
250 unique words

Present Tense
295 unique words
(Also in French)

Level 2

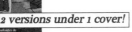

Prequel
375 unique words
Past & Present
Tense
2 versions under 1 cover!

Sequel to Los Baker Van a Perú
375 unique words
Past Tense

Level 3

Past tense
395 unique words

Past tense
395 unique words

Past tense
395 unique words

Past tense
425 unique words

Past tense
450 unique words

Past tense
600 unique words

A Closer Look at Level 3

Hasta la sepultura
Past tense - Fewer than 400 unique words

It was with sound reasoning that in 1500, Queen Isabella issued an official decree permanently closing the secret passageways that lie below the city of Salamanca... And it was with rash judgment that Nico and Adriana decided to explore them. Their investigation will prove more telling and more dangerous than either imagined. They discover that the legendary evil that lurks below Salamanca is not so mythical after all... and there is more than one kind of evil that thrives in the passageways.

Vector
Past tense - Fewer than 400 unique words

A vector of venom infects Antonio, a typical Panamanian teenager, with an illness that has far-reaching consequences. He is carried far from home and transported back in time to the early1900s, where he unknowingly joins his grandfather on the construction of the Panama Canal. Is his eerie displacement reversible or will he finish his life working on one of the most dangerous construction sites in history?

Vida y muerte en La Mara Salvatrucha
Past tense - Fewer than 400 unique words

This compelling drama recounts life (and death) in one of the most violent and well-known gangs in Los Angeles, La Mara Salvatrucha 13. Joining MS-13 brings certain gang-related responsibilities, but being *born* into La Salvatrucha requires much more. Sometimes, it even requires your life! This is a gripping story of one gang member's struggle to find freedom.

La hija del sastre

Past tense - Fewer than 500 unique words

Growing up in a Republican family during Franco's fascist rule of Spain, Emilia Matamoros discovers just how important keeping a secret can be! After her father, a former captain in the Republican army, goes into hiding, Emilia not only must work as a seamstress to support her family, she must work to guard a secret that will protect her father and save her family from certain death. Will her innocence be lost and will she succumb to the violent tactics of Franco's fascist regime?

La Calaca Alegre

Past tense - Fewer than 425 unique words

Does Carlos really suffer from post-traumatic stress disorder, or are his strange sensations and life-like nightmares much more real than anyone, including Carlos, believes? Determined to solve the mystery of his mother's disappearance, Carlos decides to return to Chicago to face his fears and find his mother, even if it means living out his nightmares in real life. As he uncovers the mystery, he discovers the truth is much more complex and evil than he ever imagined.

La Guerra Sucia

Past tense - Fewer than 600 unique words

American Journalist and single mother, Leslie Corrales travels to Argentina to investigate the suspicious disappearance of 'Raúl,' the son of Magdalena Casasnovas. When Leslie discovers that Raúl, along with 10's of thousands of other suspected dissidents, has suffered horrific atrocities at the hands of the Argentine government, she finds herself in a life-altering series of events. Will she escape with her life and with the information she needs to help the Argentine people?